Frédérique Corre Montagu
Spécialiste en parentalité

Rendre autonomes ses enfan…

MODE D'E…

POUR LES RES… …DIEN

Hatier

L'AUTEURE

Frédérique Corre Montagu est traductrice de livres pratiques depuis presque 20 ans. Après avoir compilé des notes et conseils sur la parentalité à la suite de la naissance de ses enfants, elle publie son premier livre en tant qu'auteure en 2007.

Elle continue depuis à écrire et travailler pour la jeunesse, le parenting et le développement personnel et est à l'origine de nombreux journaux à compléter, pour tous les âges.

SOMMAIRE

INTRODUCTION

Parmi les nombreuses missions qui incombent aux parents, il y a celle de rendre leur enfant autonome et de l'aider à devenir un adulte indépendant et épanoui, capable de faire ses propres choix et de les assumer tout en étant bien intégré dans la société.

Pour cela, il doit acquérir plusieurs sortes de compétences :

- **des compétences pratiques** : savoir laver son linge, se faire à manger, faire les courses, gérer son argent...
- **des compétences cognitives** : apprendre à collecter et à analyser des informations pour pouvoir prendre des décisions ;
- **des compétences émotionnelles** : apprendre à gérer ses émotions, et plus particulièrement la tristesse, la frustration et la colère ;
- **des compétences comportementales** : apprendre à travailler, à apprendre, à étudier...
- **des compétences relationnelles** : être à l'aise avec les autres, savoir travailler en équipe, bien communiquer.

L'autonomie ne s'acquiert pas seul même si l'enfant est souvent très demandeur, et ce dès le plus jeune âge. C'est un cadeau que ses parents lui font.

LE SAVIEZ-VOUS ?

✓ Favoriser l'autonomie d'un enfant, c'est aussi lui faire confiance, l'encourager, le valoriser et lui montrer qu'il peut être fier de ce qu'il accomplit. Et il n'est jamais trop tard pour le faire !

➔ Qu'est-ce que **l'autonomie ?**

Pour pouvoir accompagner au mieux son enfant, il faut bien comprendre ce que signifie le mot « autonomie ». Pour faire simple, être autonome pour un enfant, c'est grandir et prendre suffisamment confiance en soi pour pouvoir se débrouiller seul, avoir un sentiment d'efficacité personnelle et avoir du pouvoir sur sa vie. En pratique, cela veut dire :

- savoir prendre soin de soi ;
- savoir prendre soin de son environnement ;
- ne pas se mettre en danger ;
- savoir réparer des dégâts ;
- gérer toutes sortes de tâches seul, notamment les devoirs... ;
- prendre soin des autres ;
- gérer ses émotions ;
- affirmer ses idées.

Mais devenir autonome, pour un enfant, c'est aussi apprendre à gérer ses problèmes, c'est-à-dire à réfléchir et à prendre des décisions par soi-même et à les assumer, sans se soumettre aux décisions des autres. Tout cela s'acquiert peu à peu par les échanges avec les gens et le monde qui les entourent.

L'autonomie est donc une notion complexe qui concerne une grande variété de sujets, d'où l'ampleur et la difficulté de la tâche ! C'est un travail de longue haleine qui demande, pour les parents, du temps, de l'énergie, une grande capacité d'observation, d'écoute et d'adaptation, et beaucoup de calme et de patience ! Mais c'est faisable, bon an mal an, notamment grâce à l'aide de l'enfant qui a lui très envie d'avancer car, comme l'explique Maria Montessori, célèbre pédagogue italienne et créatrice de la méthode pédagogique du même nom : « Faire l'expérience de l'autonomie n'est pas seulement un jeu. C'est un travail que l'enfant doit accomplir pour grandir ».

➔ Un besoin très précoce chez l'enfant

« Je veux faire ! », « Non, c'est moi ! » ... Très vite, l'enfant veut tout faire tout seul : couper son poisson, étaler le beurre sur sa tartine, se peigner, se laver, s'habiller sans aide, appuyer sur le bouton de l'ascenseur, ouvrir une porte fermée à clé... Cela montre son besoin d'autonomie qui s'est manifesté par toutes les acquisitions et les progrès qu'il a déjà faits : rester assis, se servir de ses mains, apprendre à manger seul, marcher, être propre...

En grandissant, l'enfant a de plus en plus besoin de contrôler sa vie et donc d'être plus libre dans ses choix avec tous les dommages collatéraux que cela sous-entend. Cela nécessite donc un accompagnement constant pour lui éviter d'avoir peur, de se faire mal, de se décourager… en lui laissant la possibilité de se tromper.

LE SAVIEZ-VOUS ?

✔ La période du non durant laquelle l'enfant s'oppose pour la première fois à ses parents montre son besoin et son envie d'autonomie, de se débrouiller seul. C'est donc le moment idéal pour commencer à lui lancer des petits défis et à lui laisser une petite marge de liberté.

Un besoin qui va parfois à l'encontre de la personnalité des parents…

Tous les parents sont différents et certains ont une attitude qui ne favorise pas l'envol de leur enfant à cause de leur histoire personnelle, de leurs valeurs, de leurs traditions, de leur mode de vie. Ce sont notamment :

- les parents « hélicoptères » qui supervisent constamment leur enfant et ne lui laissent aucune marge de manœuvre ni aucune liberté ;
- les parents inquiets qui surprotègent leur enfant de peur qu'il lui arrive quelque chose ;
- les parents stricts qui ont des exigences très élevées et ne supportent pas l'échec ;
- les parents pressés qui font tout à cent à l'heure et qui veulent imposer leur rythme à leur enfant, quitte à faire les choses à leur place pour gagner du temps ou à les mettre en difficulté parce qu'ils ne sont pas prêts ;

- les parents « catalogueurs » qui mettent leur enfant dans une case et ne lui donnent pas la possibilité d'en sortir : « Il est maladroit », « Il est lent », « Il est tête en l'air », « Il est mauvais en maths »... ;
- les parents qui ont peur d'être des mauvais parents et ne se font pas confiance. Comme ils doutent constamment, ils partent un peu dans toutes les directions et délivrent des messages contradictoires à leur enfant. Ou alors, ils tombent dans le piège de la comparaison qui n'apporte que du stress et des désillusions.

... ou de leurs rêves pour leur enfant

Dans l'objectif louable de vouloir aider leur enfant à réussir le mieux possible dans la vie, les parents l'inscrivent souvent très tôt à une multitude d'activités pour l'aider à trouver et développer ses talents, prendre confiance en lui et gonfler son estime de soi. Parallèlement à cela, ils suivent d'un œil de lynx ses apprentissages scolaires quitte à refaire ou à compléter le travail de l'enseignant pour l'aider à se surpasser et à être parmi les premiers de la classe dans l'objectif louable de bien l'armer pour affronter un monde de plus en plus compétitif. Malheureusement, cela se fait au détriment d'un autre apprentissage indispensable pour sa future vie d'adulte : l'autonomie.

C'est ce qu'explique Sandra Gaviria, professeure de sociologie à l'université du Havre, dans un article paru dans le magazine ELLE[1] « En France [...] on n'apprend pas aux enfants à vivre seul. Aujourd'hui, les familles se concentrent sur la réussite scolaire. Elles créent les conditions pour

1. *L'adulting, la nouvelle école de la vie* - Elle du 3 février 2020

que les enfants puissent étudier et par conséquent les dispensent des enseignements pratiques ». Toujours dans le même article, l'écrivaine américaine Julie Lythcott-Haims « dénonce les méfaits de la parentalité centrée sur la prospérité et le meilleur pour ses enfants, au détriment de compétences moins "scolaires" ». La tendance est telle aux Etats-Unis, qu'on voit apparaitre des cours d'*adulting*, des sortes de cours d'économie domestique des temps modernes où les jeunes adultes apprennent le b.a.-ba de l'indépendance. Il faut donc trouver un juste milieu.

LE SAVIEZ-VOUS ?

✓ Les enfants croient tout ce qu'on exprime par des mots, des gestes, des attitudes. Ce n'est pas, contrairement à ce qu'on pourrait penser, de la naïveté, mais une spontanéité, une ouverture qui favorise les apprentissages. Or certains de ces mots, gestes et attitudes peuvent être très néfastes pour l'enfant et sérieusement endommager son estime de soi et sa confiance en soi, les deux piliers sur lesquels se bâtit l'autonomie. Même si, bien sûr, on réagit comme cela involontairement, il faut en prendre conscience pour les repérer, les arrêter et les remplacer par des mots, des gestes, des attitudes positifs et bienveillants.

Maintenant que les bases sont posées, voyons comment donner à notre enfant toutes les chances de pouvoir prendre un jour son envol.

PARTIE I

Des racines et des ailes

ACCOMPAGNER SON ENFANT VERS L'AUTONOMIE
LUI OFFRIR UN ENVIRONNEMENT RASSURANT
AIDER UN ENFANT QUI SOUHAITE SE DÉBROUILLER SEUL
L'ENCOURAGER POUR MIEUX LE MOTIVER
NE PAS LUI IMPOSER NOS RÊVES DE PARENTS

Selon une très jolie expression, « éduquer un enfant, c'est lui donner des racines et des ailes ». Dans le cas qui nous intéresse, les racines sont :

- **la sécurité affective** basée sur un sentiment d'appartenance et l'estime de soi qui dépendent tous les deux de la qualité du lien qui se tisse, jour après jour, entre les parents et leur enfant dans le respect et la confiance ;
- **le cadre** qu'ils lui donnent pour grandir : un environnement si possible stable, calme et apaisé, avec des routines et des limites claires, justifiées et non négociables, pour que l'enfant n'ait pas une illusion de toute-puissance.

Quant aux ailes, elles sont la confiance en soi alimentée par l'acquisition de compétences, avec les encouragements et l'aide des parents.

Une aide savamment dosée

Au début de sa vie, l'enfant ne peut pas subvenir à ses besoins, grandir, s'épanouir, bref tout simplement vivre sans l'aide de ses parents. Puis, au fur et à mesure qu'il grandit et apprend à se servir de ses mains et de ses jambes, il a de plus en plus la capacité de s'occuper de lui-même. Cela vient petit à petit, parfois spontanément, parfois avec de l'aide. Chaque trajectoire est particulière et il faut s'y adapter en apportant la bonne aide au bon moment, ce qui nécessite beaucoup d'observation et d'écoute.

LE SAVIEZ-VOUS ?

✔ Après avoir observé des enfants attentivement durant de longues heures, Maria Montessori a préparé des activités destinées à les aider dans leur développement. Elle a notamment découvert que si les enfants évoluent dans un environnement spécialement adapté, ils sont plus concentrés et ont un meilleur contrôle d'eux-mêmes. Pour elle, l'individu agit par lui-même pour apprendre parce qu'il est motivé par une curiosité naturelle et l'amour de la connaissance. L'important, toujours selon elle, est donc de cultiver l'envie d'apprendre chez les enfants plutôt que de les asséner de faits préétablis[1].

S'il y avait une règle d'or à respecter, elle correspondrait au souhait inconscient de l'enfant qui, toujours selon Maria Montessori, se résumerait à cinq mots :

1. *https://decouvrir-montessori.com/quest-ce-que-la-pedagogie-montessori/*

« Aide-moi à faire seul ». Concrètement cela veut dire doser l'aide pour laisser à l'enfant de plus en plus de liberté et pour favoriser ses apprentissages sans lui mettre la pression ni la barre trop haut. Cela sous-entend aussi d'être bienveillant et patient, selon les principes de l'éducation positive.

➔ **Motiver, encourager** pour bien éduquer

Le principe de base de l'éducation positive est simple. Cela consiste à mettre en avant ce que l'enfant a réussi et à lui donner des directives et des conseils pour l'aider à s'améliorer au lieu de le critiquer, de le gronder ou de le punir pour ce qu'il n'a pas fait, mal fait ou oublié de faire. Concrètement, au lieu de dire : « Mais c'est pas possible. Tu as encore oublié de passer un coup d'éponge dans le lavabo. C'est quand même pas compliqué ! », il faut dire : « C'est super que tu te sois brossé les dents tout seul. Maintenant, il faut rincer le lavabo pour que ce soit propre pour la personne qui passe derrière toi. »

Tout cela nécessite de :

- faire attention à ce qu'on dit à l'enfant ;
- lui donner l'exemple en apprenant soi-même à gérer ses émotions ;
- l'encourager et le valoriser le plus possible avec conviction ;
- l'autoriser à prendre des risques, autrement dit : ne pas le surprotéger ;

- le féliciter au bon moment, pour une bonne raison et en expliquant la raison ;
- être d'une patience d'ange.

Un projet à long terme

Pas facile de rendre un enfant autonome car, comme vous l'avez déjà peut-être compris, le chemin est truffé d'impasses, de détours et d'embûches qui vont freiner voire arrêter net sa progression. On l'y amène donc petit pas par petit pas, parfois en avant, parfois sur le côté, parfois en arrière. L'important, c'est de garder les yeux sur l'objectif et de ne pas se décourager. Cela demande beaucoup de patience, d'énergie, de constance et de persévérance, mais il faut garder confiance : le jeu en vaut vraiment la chandelle car l'apprentissage de l'autonomie est un cercle vertueux qui finira par tous vous profiter.

Un projet bénéfique pour tout le monde

En plus d'être gratifiant, voir son enfant grandir et devenir autonome donne aussi envie de partager de plus en plus de choses avec lui. Cela permet de tisser une relation de confiance qui durera bien au-delà de l'enfance et l'aidera à devenir un adulte épanoui et responsable, capable de faire des choix, de prendre des décisions et de les assumer. Autrement dit d'être bien armé pour réussir dans la vie, ce qui est le vœu le plus cher de tous les parents.

Et pour finir de vous motiver, dites-vous qu'en attendant l'indépendance totale, tous les efforts et tout le temps que vous consacrez à votre enfant vont un jour porter leurs fruits et vous soulager peu à peu du fardeau des corvées quotidiennes. Et ce jour-là viendra plus vite que vous ne le pensez !

1 RENFORCEZ SON ESTIME DE SOI

10 CONFIANCE, CONSTANCE ET PERSÉVÉRANCE

PARTIE II

9 AUGMENTEZ PROGRESSIVEMENT LE NIVEAU DE DIFFICULTÉ

8 ACCEPTEZ LES ÉMOTIONS DE VOTRE ENFANT... ET LES VÔTRES

7 BAISSEZ VOTRE NIVEAU D'EXIGENCE

Les 10 clés

2 RENFORCEZ SA CONFIANCE EN SOI

3 CONFIEZ-LUI DES RESPONSABILITÉS LE PLUS TÔT POSSIBLE

4 FACILITEZ-LUI LA TÂCHE

5 METTEZ EN PLACE UNE MÉTHODOLOGIE PRÉCISE ET DÉTAILLÉE

6 SOYEZ SON MENTOR ET NON SON CHEF

1 RENFORCEZ SON ESTIME DE SOI

Pour grandir sur des bases solides et réussir, les enfants doivent se sentir aimés, respectés, soutenus et en sécurité. Il y a un terme pour désigner cela : la sécurité émotionnelle. Grâce à elle, les enfants ont une estime de soi suffisamment forte pour oser entreprendre, trouver des solutions à leurs problèmes, affronter leurs échecs... bref, pour devenir autonome. Et cela leur servira toute leur vie !

LE SAVIEZ-VOUS ?

✓ Avoir une bonne estime de soi, c'est s'aimer, s'accepter tel qu'on est avec ses défauts et ses qualités. Les activités qui la favorisent, pour un enfant, sont celles qui impliquent l'entraide humaine, le partage, le bien commun : amener une part de gâteau à un voisin, céder sa place dans le bus à une vieille dame, participer à une collecte de déchets dans la nature... autant de petites choses bénéfiques pour l'estime de soi.

Montrez-lui et **dites-lui que vous l'aimez**

Pour aider quelqu'un à s'aimer, il faut d'abord lui montrer qu'on l'aime de toutes les façons possibles et imaginables : câlins, petits mots et regards doux, fiers et encourageants... Alors n'en soyez pas avares et couvrez-en votre enfant. Et surtout, n'attendez-pas une occasion « valable » (comme un beau château de sable sur la plage ou un bon carnet scolaire) pour le faire. Faites-le spontanément pour qu'il sache que vous l'aimez tel qu'il est. N'ayez pas peur, cela ne risque en aucun cas de le « pourrir » ou de le ramollir. Bien au contraire, toutes ces preuves d'amour vont lui donner la force d'avancer, de prendre des risques, de persévérer et lui faire comprendre qu'il pourra toujours trouver refuge auprès de vous en cas de problème.

LE SAVIEZ-VOUS ?

✓ Dans son livre pour enfants *As-tu rempli un seau aujourd'hui ? Le bonheur quotidien expliqué aux enfants*, Carol McCloud explique que nous avons tous un seau en nous qui se remplit ou se vide en fonction de ce que nous disent ou nous font les gens.

Pour remplir celui de votre enfant et l'aider à se sentir bien, pensez à lui manifester votre amour tous les jours, même et surtout si vous êtes fatigués et stressés.

Montrer à un enfant qu'on l'aime, c'est aussi le rassurer, l'encourager sincèrement, le complimenter pour ses petites victoires quotidiennes même si, à notre échelle à nous, elles nous paraissent normales ou banales. Alors dressez avec votre enfant la liste de ses points forts, de ses qualités et de ses bonnes actions, puis affichez-la dans sa chambre pour qu'il l'ait en permanence sous les yeux.

➔ Offrez-lui un **environnement sécurisant**

Pour apprendre à se débrouiller seul, un enfant doit se sentir en sécurité et doit donc grandir dans une atmosphère détendue, bienveillante et respectueuse, où on ne ridiculise pas, on ne blâme pas, on ne rabaisse pas et on ne critique pas les autres. Comme aucune famille n'est à l'abri des difficultés, des conflits ou des drames, il faut aussi, dans la mesure du possible, tout faire pour l'en protéger en évitant les conversations anxiogènes et les disputes en sa présence ou, au moins, en lui expliquant avec des mots simples ce qui se passe sans trop rentrer dans les détails.

➔ Offrez-lui un **cadre clair et structurant**

Pour bien grandir, un enfant doit aussi avoir des repères, c'est-à-dire des consignes précises sur ce qu'il peut faire et ne pas faire avec des explications claires et logiques (il peut se blesser, faire de la peine ou du mal à quelqu'un, casser quelque chose...) en lui disant aussi très précisément ce qui va lui arriver s'il ne respecte pas les instructions (voir « La relation de cause à effet » p. 34). Ces règles et leurs conséquences doivent être également immuables pour qu'il ait des repères et sache comment se comporter dans telle ou telle situation, et comment bien vivre en société.

Enfin, ce cadre va éviter à l'enfant d'avoir un sentiment de toute puissance, de croire qu'il peut tout faire sans que cela ait la moindre conséquence ce qui peut être très angoissant pour un petit qui, malgré l'assurance qu'il affiche, est seul et désarmé face à un monde qu'il ne comprend pas et ne maitrise pas.

LE SAVIEZ-VOUS ?

✓ Quand un enfant grandit dans un environnement instable, il dépense énormément de temps et d'énergie à s'inquiéter et à chercher, si besoin, des moyens de se protéger ce qui l'incite à se renfermer sur lui-même et l'empêche de faire de nouveaux apprentissages.

• *Punir ou ne pas punir ?*

Tout cela nous amène aux punitions car on n'a encore rien trouvé de mieux pour faire comprendre à un enfant qu'il a dépassé les limites. Ces punitions doivent être justifiées, non violentes et adaptées à la « faute » de l'enfant. Vous l'avez surpris en train de jouer à sa tablette, un soir dans son lit ? Vous êtes tout à fait en droit de lui interdire de l'utiliser pendant une semaine, mais de là à le priver de sa semaine de vacances avec son cousin…

Alors faites confiance à votre bon sens et votre instinct et, si besoin, parlez-en ensemble pour trouver la réponse la plus adaptée à la situation et à votre enfant - même et surtout si vous n'avez pas les mêmes normes ou les mêmes traditions.

LE SAVIEZ-VOUS ?

✓ Certains parents n'osent pas punir leurs enfants de peur qu'ils ne les aiment plus. C'est pourtant la plus belle preuve d'amour qu'on puisse leur donner car cela leur confirme qu'il y a des règles et des limites à ne pas franchir et, donc, cela les sécurise.

À l'inverse, trop d'autorité et trop de rigidité étouffent la spontanéité de l'enfant et ne lui donnent pas la possibilité de montrer ce dont il est capable.

Il faut donc trouver un juste équilibre.

L'importance des routines

Créer un cadre structurant pour un enfant signifie aussi lui fixer des points de repères (ou routines) tout au long de la journée, de la semaine, de l'année pour l'aider à savoir ce qui va se passer et l'anticiper, ce qui est très sécurisant pour lui. Cela va aussi l'aider à développer sa flexibilité, une qualité très importante et très utile le jour où il va devoir se débrouiller seul. En revanche, sachez faire preuve de souplesse à certains moments, notamment durant les vacances et les temps de fête. Toujours ce fameux équilibre !

CONSEIL

✔ Si, pour une raison ou une autre (en dehors du contexte de ce livre), vous devez punir votre enfant, ne lui donnez surtout pas des tâches ménagères à faire car cela risquerait de brouiller complètement le message (voir « Les bienfaits des tâches ménagères », p. 31) et de le démotiver.

➔ Passez **du temps de qualité** avec lui

Autre condition pour qu'un enfant ait une bonne sécurité émotionnelle : que ses parents soient là pour lui à la fois physiquement et psychologiquement. Alors même si vous avez un emploi du temps surchargé, obligez-vous à vous dégager régulièrement, chaque semaine, des créneaux pour faire quelque chose avec votre enfant en étant là à cent pour cent et non avec une partie de votre cerveau au travail, et un œil sur votre portable. En effet, et c'est une bonne nouvelle pour les gens pressés, c'est la qualité du temps qu'on passe avec un enfant et non pas la quantité qui compte. L'important, c'est de partager vraiment un bon moment, ne serait-ce qu'un diner ensemble le soir durant lequel on prend le temps de se parler et de s'écouter.

CONSEIL

✔ Si vous manquez de temps ou si vous devez vous absenter quelques jours, prévoyez des petits dessins (s'il ne sait pas lire) ou des mots doux, et à les lui glisser sous son oreiller, dans la poche de son manteau…

Autre exemple : au lieu de passer une après-midi entière à la plage à dormir, lire ou scroller sur votre téléphone pendant que votre enfant fait un château de sable et de lui lancer un « oui, oui, c'est super » distrait quand il vous demande de l'admirer, ne restez qu'une heure mais aidez-le à faire son château. Dans la vie quotidienne, prenez le temps de cuisiner à quatre mains, de planter des fleurs dans un bac sur le balcon. Et si vous devez réparer son vélo, proposez-lui de vous aider. En plus de le rendre fier d'avoir eu toute votre attention, tous ces petits moments apprendront aussi à votre enfant les bienfaits de l'entraide et de la coopération, deux notions capitales pour vivre avec les autres.

Pour finir, être pleinement avec son enfant veut également dire répondre au flot de questions qu'il se pose en grandissant car, quand on aide un enfant à comprendre ce qui l'étonne, l'interroge, l'inquiète, on lui permet de se concentrer sur d'autres choses, d'avoir envie d'aller vers l'inconnu, d'acquérir de nouvelles compétences ou de tester de nouvelles activités.

LE SAVIEZ-VOUS ?

✓ L'une des composantes de l'estime de soi est la confiance en soi qui, contrairement à nos autres facultés, est plus liée à des compétences physiques.

2 RENFORCEZ SA CONFIANCE EN SOI

Pour contribuer à l'épanouissement de votre enfant et l'aider à devenir autonome, autrement dit à s'affirmer et à apprendre à interagir respectueusement et sereinement avec les autres, vous devez aussi renforcer sa confiance en lui.

LE SAVIEZ-VOUS ?

✓ Avoir confiance en soi, c'est avoir conscience de ses points forts et de ses capacités, et croire en son potentiel. Comme ce n'est pas inné, cela s'acquiert petit à petit, au fil des expériences et des années.

➔ Laissez-le se débrouiller, prendre des initiatives et des risques

Depuis que votre enfant est né, vous le surveillez comme du lait sur le feu de peur qu'il se blesse, se fasse mal, surtout si vous êtes anxieux de nature ! Et les occasions ne manquent pas : ses premiers pas, sa première sortie au parc, sa première nuit chez un copain… Dans un sens, c'est très positif car cela lui donne un grand sentiment de sécurité. Mais cela l'empêche aussi de déployer ses ailes, de sortir de sa zone de confort, bref de prendre des risques pour devenir de plus en plus autonome.

Pour l'aider à prendre peu à peu son indépendance, vous devez bien sûr le protéger mais de façon plus discrète, comme si vous l'entouriez d'un filet de sécurité invisible, tout en l'encourageant à explorer, à prendre des risques dans des endroits ou des conditions très sécurisés. Pensez aussi à lui lancer des petits défis adaptés à son âge. Par exemple :

- **vers 2 ans,** demandez-lui d'aller vous chercher un livre dans la pièce d'à-côté ;
- **vers 4 ans,** demandez-lui d'aller s'acheter une glace tout seul au stand tout près de vous à la plage ;
- **vers 6 ans,** demandez-lui de ramener un objet que vous avez emprunté au voisin qui habite un peu loin, dans votre lotissement ;
- **vers 8 ans,** laissez-le partir devant vous quand vous rentrez de l'école et ouvrir tout seul la porte de l'immeuble et de l'appartement ;
- **vers 10 ans,** demandez-lui d'aller faire une course tout seul dans votre quartier.

Toutes ces petites missions et ces petits défis que vous allez lui donner vont lui montrer que vous lui faites confiance et le valorisez, et donc par un effet de dominos, vont renforcer sa confiance en lui (pour plus d'infos, voir la Clé n°9 : « Augmentez progressivement le niveau de difficulté »).

CONSEIL

✓ Comme la confiance en soi est très fluctuante, pensez à demander régulièrement à votre enfant d'imiter l'animal ou l'objet de son choix car cela peut être très révélateur. Par exemple, s'il vous répond un lion qui rugit, ça va plutôt (même très) bien. À l'inverse, s'il vous répond, par exemple, une petite chenille derrière une feuille, c'est signe qu'il a besoin d'un coup de pouce pour améliorer l'image qu'il a de lui.

➔ Encouragez-le à **prendre des décisions** tout seul

Quel que soit l'âge de votre enfant, vous devez le laisser faire des choses et des choix seul, surtout s'il le demande, pour l'aider à s'affirmer car c'est un cap important de son développement. Bien sûr, cela doit être simple, un minimum encadré et progressif. Quand il est petit, donnez-lui par exemple le choix entre deux tenues, deux parfums de glace, deux boissons, deux sortes de légumes… Quand il sera un peu plus grand, laissez-le commander ce qu'il veut au restaurant ou choisir ses vêtements seul avec le risque, bien sûr, qu'il veuille mettre son imperméable en pleine canicule ou aller faire les courses avec son déguisement préféré. Mais les dieux de la mode n'en mourront pas et vous non plus ! Et plus tard, laissez-le si possible s'organiser seul pour ses devoirs (voir « Le cas des devoirs » p. 69) et choisir ses activités.

La confiance en soi peut aussi s'acquérir via les activités extra scolaires à condition qu'elles soient adaptées à la personnalité de l'enfant et ne viennent pas alourdir un emploi du temps déjà surchargé. Donc pas de forcing. Si votre enfant va à une activité à reculons, essayez de comprendre pourquoi. C'est peut-être pour un détail. Par exemple : son professeur de judo exige que le nœud de sa ceinture soit bien fait alors qu'il se défait tout le temps et que votre enfant ne sait pas le refaire, ou alors son professeur de peinture l'oblige à travailler pendant des semaines sur le même projet. Dans ce cas, essayez de trouver une solution entre adultes. Puis retentez le coup. Et si le professeur est inflexible et que votre enfant se décompose toujours au moment d'aller à son activité, arrêtez et proposez-lui de chercher avec lui autre chose qui lui plait vraiment. Cela va peut-être vous obliger à renoncer au rêve de le voir devenir musicien ou champion de tennis et éventuellement d'accepter que votre enfant ne fasse pas d'activité, mais ce faisant, vous lui rendrez un immense service : celui de garder confiance en lui. Par contre, ne le laissez pas non plus se réfugier et s'enfermer dans les jeux vidéo ou même la lecture car il doit continuer à avoir un lien avec l'extérieur, avec les autres.

CONSEIL

✓ Si vous voulez malgré tout avoir un droit de regard sur ses looks pour qu'ils soient notamment adaptés à la météo ou aux endroits où il doit aller dans la journée, pré-sélectionnez-en quelques-uns et laissez-le choisir dedans, en autorisant les mix, même s'ils piquent un peu les yeux.

Complimentez-le quand il réussit quelque chose

Pour gonfler la confiance en soi d'un enfant (et de n'importe qui d'ailleurs), il faut le complimenter, le féliciter pour ses efforts et le résultat qu'il a obtenu, même s'il est imparfait. En revanche, là encore, comme souvent, il faut s'efforcer d'agir avec modération et donc éviter les superlatifs et les grands cris enthousiastes dans des cas non justifiés comme quand il vous ramène sa dernière création en pâte à sel de l'école que vous allez ensuite vous empresser de mettre au fond d'un placard.

LE SAVIEZ-VOUS ?

✔ Une étude menée par l'American Psychological Association (Association Américaine de Psychologie) en 2013[1] a montré qu'au lieu de renforcer la confiance en soi des enfants, les compliments systématiques et non justifiés les faisaient douter d'eux et alimentaient un sentiment d'imposture qui se développait au fil du temps et les freinait dans leurs études, leur carrière et leur vie en général.

Comme les compliments ne suffisent pas toujours, pour aider votre enfant à se sentir plus fort dans des situations qu'il craint ou qu'il redoute, vous pouvez aussi l'inciter à se chercher un mantra comme « Je crois en moi. J'ai confiance en moi », ou « J'ai déjà réussi et je réussirai encore » qu'il se répètera dans sa tête chaque fois qu'il en ressentira le besoin. Ou aidez-le à se trouver un talisman protecteur : une jolie pierre, un petit objet, une carte... qu'il aura toujours dans sa poche.

1. *http:// www.apa.org/gradpsych/2013/11/fraud.aspx*

En effet, pour qu'un compliment ait un véritable impact, il doit être vraiment mérité et directement relié à ce que l'enfant a fait. C'est pourquoi en plus de le féliciter, vous devez lui dire pourquoi vous le faites. Par exemple : « Bravo, je suis fier de toi parce que tu as fait ton lit sans que je te le demande ! »

➔ Aidez-le à **voir le bonheur**

Pour booster sa confiance en lui, apprenez enfin à votre enfant à prendre conscience des petits plaisirs de la vie. Extasiez-vous avec lui devant un coucher de soleil, savourez ensemble un bon plat, faites-lui remarquer le chant des oiseaux... Tous les soirs, au moment du coucher, dites-lui les trois, quatre, cinq choses qui vous ont fait plaisir dans la journée et demandez-lui de vous dire les siennes. Cela finira par devenir un rituel qui vous fera, à tous, le plus grand bien car cela vous aidera à voir le bon côté des choses et vous donnera la force d'affronter les difficultés.

CONSEIL

✓ Pour valoriser votre enfant, gonfler encore plus son estime de soi et renforcer sa confiance en lui, notez chacune de ses réussites dans un carnet spécial pour qu'il puisse les relire quand il doute de lui. Ou, s'il est petit, confectionnez avec lui une affiche et collez une gommette dessus à chacun de ses « exploits ».

3 CONFIEZ-LUI DES RESPONSABILITÉS LE PLUS TÔT POSSIBLE

L'une des façons les plus simples d'aider un enfant à devenir autonome est de lui confier des petites responsabilités ou petites tâches à faire tous les jours pour prendre soin de lui, participer à la bonne marche de la maison et qui vont leur permettre d'apprendre l'autodiscipline, la gestion du temps, l'écoute, la bienveillance, la solidarité... Encore faut-il qu'elles soient adaptées à son âge, à ses capacités et à son rythme.

➔ Les bienfaits des **tâches ménagères**

Depuis des dizaines d'années, de nombreux chercheurs américains ont montré que les enfants à qui on confie des tâches ou des responsabilités sont plus à l'aise à l'école et en société car cela les aide à mieux communiquer, à mieux comprendre les autres, à mieux trouver leur place dans leur environnement. Le fait de participer à la bonne marche de la maison développe également des qualités importantes comme l'entraide, la coopération et l'empathie et apprend à mieux gérer la frustration (voir « Il est frustré » p. 61). Enfin, participer aux tâches ménagères donne aux jeunes enfants un sentiment de fierté (les adultes leur font confiance) et d'appartenance (ils ont leur place dans la famille).

LE SAVIEZ-VOUS ?

✔ Une étude commencée en 2002 par Marty Rossmann, professeure à l'université du Minnesota, et menée sur 84 enfants à quatre moments de leur vie, de la maternelle à 25 ans[2], a montré qu'une fois adultes, ceux qui avaient commencé à faire des tâches ménagères entre 3 et 4 ans s'entendaient mieux avec leur famille et leurs amis, avaient mieux réussi leurs études et mieux démarré dans la vie, et étaient plus autonomes que ceux qui n'avaient jamais rien fait chez eux ou qui s'y étaient mis tardivement.

Offrez-lui des jouets d'imitation dès le plus jeune âge

À partir de 2 ans, l'enfant se met spontanément à imiter les gestes que font ses parents quotidiennement : il fait semblant de donner à manger à une poupée ou de la laver, de parler au téléphone, de faire le ménage... De plus, et c'est très important, à cet âge, il imite indifféremment ses deux parents car il ne s'identifie pas encore à son père ou à sa mère (cela viendra plus tard, vers 3 ans). Qu'il soit un garçon ou une fille, votre enfant aimera donc autant jouer avec un mini aspirateur, une batterie de cuisine, une dinette, un atelier de bricolage, un stand de marchand ou tout simplement une balayette et une petite pelle. C'est

2. *Why Children need Chores* – The Wall Street Journal (mars 2015) : *https://www.wsj.com/articles/why-children-need-chores-1426262655*

donc le moment idéal de lui offrir des jouets d'imitation hors des clichés ou autres stéréotypes genrés qu'imposent encore de nombreux fabricants de jouets.

Cette première étape ludique vers l'autonomie va permettre à votre enfant de développer ses capacités d'attention, d'améliorer sa dextérité et de prendre peu à peu conscience de son schéma corporel. Autant de choses que les écrans ne font pas.

CONSEIL

✓ Au lieu des écrans qui captent toute l'attention de l'enfant et l'isolent, privilégiez les jeux et activités qui se font à plusieurs pour qu'il soit dans la sociabilité et le partage et apprenne les notions d'entraide et de collaboration.

Quelles petites responsabilités confier à votre enfant ?

Maintenant que vous savez que votre enfant adore vous copier et que, grâce aux jeux d'imitation, vous savez plus ou moins ce qu'il aime faire, profitez-en pour lui confier des petites responsabilités. L'idéal est de commencer le plus tôt possible car plus les années passent, plus la résistance et la force d'inertie des enfants augmentent ! Alors imaginez ce que c'est à l'adolescence !

Responsabilités que l'on peut confier à un enfant dès l'âge de 2 ans

Pour lui	Pour les autres
Vous aider à ranger ses jouets.	Plier des torchons.
S'habiller avec votre aide.	Faire la poussière.
Se brosser les dents avec votre aide.	Essuyer de l'eau renversée.
Se peigner avec votre aide.	Aider à mettre la table.
Se laver les mains avec votre aide.	Débarrasser son assiette.
Mettre ses vêtements au sale.	Mettre son assiette dans le lave-vaisselle.
Enfiler ses chaussures .	Vous aider à étendre le linge.
Accrocher son manteau à une patère.	Laver des légumes.
Vider ses restes dans la poubelle.	

La relation de cause à effet

En confiant des responsabilités et des petites tâches à votre enfant, vous lui apprendrez une notion très importante, un aspect crucial du concept d'autonomie, à savoir que ses actions ont des conséquences ; à condition, bien sûr, de ne pas passer derrière lui. En effet, pour protéger nos enfants, nous avons souvent tendance à les réconforter quand ils sont déçus (ils ont eu une mauvaise note, ils ont raté un but à un match...) en rejetant la faute sur des facteurs extérieurs : les autres, l'injustice, la malchance... Ou alors nous repassons derrière eux pour corriger un oubli ou une erreur. Ce faisant, nous les empêchons non seulement d'apprendre à gérer la frustration mais aussi de tirer des leçons de leurs erreurs ou de leurs échecs, et donc de s'améliorer.

Pour aider votre enfant à comprendre la relation de cause à effet et donc à répondre de ses actes, il faut aussi lui montrer au cas par cas le lien entre ce qu'il a fait et ce qui s'est passé, sans le gronder. Par exemple : « Comme tu n'as pas préparé tes affaires hier soir, ce matin, c'est la panique et on va être en retard. » Puis il faut lui donner la possibilité de recommencer dans de bonnes conditions pour qu'il voie la différence en lui disant par exemple, dans ce cas précis : « Pense à préparer tes affaires pour ne pas nous retarder demain matin. » Tout cela, bien sûr, avec fermeté (voir « Offrez-lui un cadre clair et sécurisant » p. 20) et bienveillance.

Quand vous donnez à votre enfant une responsabilité ou une tâche à faire, vous devez donc à la fois lui expliquer clairement ce que vous attendez de lui et lui dire ce qu'il se passera s'il ne respecte pas les instructions. Par exemple : « Si tu oublies ton doudou, tu ne l'auras pas pour dormir ce soir car on sera trop loin pour aller le rechercher. »

CONSEIL

✓ Donnez de préférence à votre enfant des tâches calmes, nécessitant de la concentration, de l'entraide, de la coopération pour l'aider à prendre de l'assurance et de la confiance en soi. Et surtout, soyez réalistes dans vos choix !

4 FACILITEZ-LUI LA TÂCHE

Comme nous l'avons vu précédemment, confier des tâches ménagères à un enfant l'aide à devenir autonome. Encore faut-il lui donner toutes les chances de réussir sans être obligé de demander de l'aide. Cela nécessite certains ajustements dans son environnement et l'acquisition d'un peu de matériel.

LE SAVIEZ-VOUS ?

✓ En adaptant l'environnement à l'échelle et aux besoins de votre enfant, vous lui donnerez l'impression de pouvoir se débrouiller seul et il en sera très fier.

➔ Adaptez son environnement

Pour un enfant, tout est plus grand, plus haut, plus lourd que pour un adulte. Prenons le cas du lit. Pour un adulte, il n'y a rien de plus simple que de faire un lit : il suffit de secouer la couette, de la remettre en place, de la lisser, de donner quelques coups dans l'oreiller pour le regonfler et hop, le tour est joué. Pour un enfant, c'est beaucoup plus compliqué car la couette est lourde pour ses petits bras, il doit faire dix pas au lieu de trois pour un adulte et son lit n'est pas forcément accessible de partout.

Vous devez donc toujours penser à ce genre de « détail » quand vous confiez une tâche à votre enfant. Observez votre environnement avec ses yeux à lui, quitte à vous accroupir pour se mettre à sa hauteur et regarder ce qui peut le gêner, l'impressionner ou lui faire peur. Puis faites les ajustements nécessaires :

- dégagez-lui les accès des endroits où il doit aller ;
- mettez-lui le matériel dont il a besoin à sa portée ;
- entrouvrez une porte qu'il a du mal à ouvrir ;
- rangez ses affaires dans des meubles bas ;
- installez des patères à sa hauteur et des caisses pour ses chaussures sous un banc dans l'entrée ;
- équipez sa chambre de meubles de rangement bas et d'un meuble à casiers pour chaque type de jouets : un pour les déguisements, un pour les puzzles, un pour les jeux de société...
- si vous optez pour le classique coffre à jouets, choisissez-le large et peu profond pour que votre enfant retrouve facilement ce qu'il cherche dedans ;
- mettez ses vêtements de saison en bas de son armoire quitte à rajouter une étagère et une tringle basses et ranger le reste de ses affaires en hauteur.

CONSEIL

✓ Pour ranger ses jouets, pensez aussi aux boites en plastique à la taille de votre enfant pour qu'il puisse les déplacer facilement et transparentes pour qu'il voie d'un coup d'œil ce qu'elles contiennent.

➔ Donnez-lui des **outils adaptés**

Pour aider votre enfant à mener à bien la mission que vous lui avez confiée ou qu'il s'est fixée, vous devez également vérifier si les outils dont il va se servir conviennent à la tâche prévue et à ses petites mains. Là encore, tout est une histoire d'échelle et de dextérité. Heureusement, on trouve maintenant facilement dans le commerce des petits ustensiles de cuisine ou autres outils de jardinage spécialement conçus pour les enfants. Alors, en plus d'un joli tablier à sa taille pour protéger ses vêtements (et le motiver !), offrez-lui aussi :

- **Pour sa chambre** :
  - Un réveil ou une horloge pédagogique avec indicateur de réveil pour qu'il sache s'il est l'heure de se lever, sans forcément savoir lire l'heure
  - Une petite lumière pour qu'il puisse voir dans l'obscurité et se rassurer s'il a peur.
  - Un pot pour qu'il puisse faire pipi sans être obligé d'aller aux toilettes

- **Aux toilettes (quand il apprend la propreté)** :
  - Un réducteur de toilettes pour bien le soutenir en attendant qu'il puisse s'assoir directement sur la lunette
  - Un marchepied pour qu'il puisse s'y installer tout seul
- **Dans la salle de bains** :
  - Un marchepied bien stable pour qu'il accède facilement au lavabo
  - Une brosse à dents électrique
  - Un distributeur à savon avec un bouton-poussoir
- **Dans la cuisine** :
  - Un petit pichet
  - Des ustensiles à sa taille (cuiller en bois, spatule, fouet...)
  - Un petit couteau à beurre pour couper des aliments tendres sans risquer de se blesser
  - Des pinces pour sortir le pain du grille-pain sans se brûler
  - Une balayette et une petite pelle
  - Des lingettes en tissu

Maintenant que vous avez compris le principe, à vous de voir quels objets peuvent réellement aider votre enfant à devenir autonome. Et bien sûr, plus c'est joli, plus c'est coloré, plus c'est fun, mieux c'est !

CONSEIL

✓ En attendant que votre enfant soit cent pour cent autonome sur une tâche précise, comme faire son gâteau préféré, facilitez-lui la tâche en lui préparant par exemple, pour cet exemple précis, les quantités d'ingrédients dont il va avoir besoin. Ceci vaut aussi pour le jardinage (petits outils, terreau dans des petits pots ou des petits sacs, petit arrosoir rempli d'eau), les arts créatifs ou entretenir son équipement de sport...

Une remarque sur **sa garde-robe**

Dans leur quête d'autonomie qui commence en général par l'envie de manger seuls, les enfants veulent souvent très vite apprendre à s'habiller sans l'aide de personne ce qui leur rend énormément service à la maternelle. Sur le papier, ça parait simple. En pratique, c'est plus compliqué.

Pour que tout se passe bien ou le mieux possible, il y a en effet quelques règles de base à respecter.

- Choisissez des matières avec **de l'élasthanne** qui permettent d'agrandir les cols plus facilement, de tirer sur le tissu sans risquer de le déformer... ;
- Privilégiez **les pantalons élastiqués** à la taille qui peuvent se baisser en tirant dessus, et non des pantalons avec braguette, bouton et, pire, ceinture ;
- Si vous avez une fille et qu'elle porte des robes, troquez ses collants contre **des leggings**, beaucoup plus faciles à enfiler ;

- Pour **les chaussettes et les chaussures**, choisissez des modèles avec un petit détail visuel qui permet de distinguer la gauche de la droite ;
- Pour tout ce qui est **fermeture**, préférez les scratchs et grosses fermetures éclair aux lacets et aux boutons.

Bien sûr, il faut quand même que vous lui montriez la marche à suivre en détails (voir « La méthodologie » p. 42) et que vous lui laissiez tout le temps dont il a besoin pour le faire, ce qui nécessite de bien choisir le moment (c'est-à-dire un moment où vous avez le temps) et d'être d'une patience et d'une zénitude de chat (voir « Soyez patients et zen » p. 56).

CONSEIL

✓ Aussi ravissante soit-elle, la salopette n'est pas un vêtement qui s'enfile et s'enlève facilement. Évitez donc de lui en mettre une un jour d'école pour qu'il puisse se débrouiller seul aux toilettes.

5 METTEZ EN PLACE UNE MÉTHODOLOGIE SIMPLE ET DÉTAILLÉE

Comme vous vous en êtes déjà probablement aperçus, il faut tout apprendre à un enfant, même des choses qui nous paraissent évidentes et élémentaires comme se peigner. Pour vous simplifier la tâche à vous et votre enfant, il va donc falloir instaurer une méthodologie claire et l'intégrer dans la routine familiale.

La **méthodologie**

Dans l'optique de ne pas submerger et de ne pas décourager votre enfant, confiez-lui une seule tâche ou une seule responsabilité à la fois. Puis…

• *Expliquez-lui précisément ce qu'il doit faire en verbalisant chaque étape*

Par exemple, au lieu de lui lancer un « Range ta chambre ! » qui peut paraitre flou, compliqué et donc très frustrant pour votre enfant, profitez d'un moment calme pour lui expliquer comment faire en lui décortiquant la marche à suivre : « Commence par ranger tes livres sur tes étagères, puis tes jouets dans leur boite. Puis mets tes affaires sales dans la panière dans la salle de bains, ton pyjama sous ton oreiller... », en lui montrant si besoin comment faire. Puis dites « À toi, maintenant ! »

Expliquez-lui aussi, si besoin, la logique de certains gestes. Par exemple : « Range d'abord tes gros jouets pour mieux voir les petits » ou « L'hiver, on met des vêtements épais et chauds pour ne pas avoir froid » ou encore « Il faut nettoyer les WC après usage pour qu'ils soient propres pour la personne qui vient après », etc...

Enfin, vérifiez qu'il a bien compris ce qu'il doit faire en lui demandant par exemple comment il va s'en rappeler et comment il va s'y prendre. Et attendez que cela devienne un automatisme pour lui confier une nouvelle mission.

LE SAVIEZ-VOUS ?

✓ La mémorisation d'une information se fait en trois temps : 1) l'information arrive à notre cerveau, 2) le cerveau enregistre l'information, 3) il retrouve l'information dont on a besoin au moment où on en a besoin. Apprendre prend donc du temps... à tout âge !

• *Montrez-lui, si besoin, comment faire*

Pour aider votre enfant à bien comprendre ce que vous attendez de lui, n'hésitez pas à joindre le geste à la parole. Par exemple, la première fois que vous l'amenez au parc, montrez-lui comment monter dans les structures et par où passer, et expliquez-lui les règles de base comme : « On fait du toboggan les pieds devant et on attend qu'il n'y ait plus personne en bas pour se lancer ». Puis restez à ses côtés, le temps qu'il prenne de l'assurance. Faites pareil quand il apprendra à faire de la trottinette, du vélo, du ski…

CONSEIL

✓ Pour lui apprendre à se laver tout seul, aidez-vous d'une poupée : montrez-lui comment la laver, en allant dans tous les coins, puis demandez-lui de vous imiter.

Faites des pauses ou limitez la durée des tâches

Le cerveau des enfants a besoin de repos comme le nôtre. Alors, si la tâche que vous lui confiez est longue, fractionnez-la en petits morceaux sur la journée ou le week-end pour qu'elle lui paraisse moins importante et le fatigue moins. C'est notamment valable pour les devoirs (voir « Le cas des devoirs » p. 69) qui nécessitent une telle concentration que le cerveau décroche tout seul au bout d'un certain moment.

Sinon, si votre enfant doit ranger sa chambre, fixez un temps limite (quitte à faire sonner un minuteur de cuisine) pour le motiver et l'aider à se canaliser. Et, pour mettre toutes les chances de votre côté, présentez-lui cela comme un défi, comme un jeu.

Mettez en place **une routine**

Pour qu'un enfant devienne autonome, certains gestes, certaines actions doivent devenir automatiques et donc être intégrés dans la routine quotidienne de l'enfant ou de la famille. Et qui dit routine, dit « planning ».

CONSEIL

✔ Fixez les horaires de chaque tâche en fonction du rythme naturel et de l'emploi du temps de votre enfant, en lui demandant son avis s'il est assez grand pour vous le donner. Par exemple, s'il se lève tôt le week-end, confiez-lui des petites missions pour le matin. À l'inverse, s'il fait la grasse matinée et est en pleine forme le soir, faites-les-lui faire à ce moment-là. Vous tâtonnerez sans doute au début, mais vous finirez par trouver les bons créneaux !

Pour cela, dessinez ou imprimez un calendrier hebdomadaire vierge et indiquez dessus les tâches ou activités que votre enfant doit faire, jour après jour, sans trop le remplir pour qu'il s'y retrouve facilement et ne se sente ni oppressé… ni exploité ! Pensez d'ailleurs à noter aussi vos tâches à vous pour qu'il se rende compte de tout le travail que vous faites dans la maison et pour lui. Puis affichez ce « semainier des tâches » dans un endroit très fréquenté chez vous, comme la cuisine, pour tous vous aider à vous rappeler votre mission, mais aussi pour aider votre enfant à l'intégrer peu à peu dans sa routine quotidienne.

CONSEIL

✔ Si vous avez plusieurs enfants, investissez dans un tableau blanc en notant ce que chacun doit faire avec un feutre effaçable d'une couleur différente pour que tout le monde s'y retrouve facilement. Et, pour les plus petits, au lieu d'écrire, griffonnez des petits dessins !

Faites des **guides visuels**

Pour ne pas avoir à répéter à chaque fois ce que l'enfant doit faire ou ne pas à être constamment sur son dos pour superviser ce qu'il fait, imitez les enseignants de primaire : créez des fiches récapitulatives que vous afficherez dans des endroits clés. Faites-lui par exemple une fiche pour qu'il se souvienne de ce qu'il doit faire le matin avant de partir à l'école ou quand il range sa chambre :

FICHE « ROUTINE DU MATIN »

- ☐ Je me lève tout seul à l'heure.
- ☐ Je fais mon lit.
- ☐ Je prépare mon petit déjeuner et je le mange.
- ☐ Je débarrasse mon petit déjeuner et je nettoie derrière moi.
- ☐ Je me débarbouille le visage, je me lave les dents et je me peigne.
- ☐ Je vérifie quel temps il fait et je choisis une tenue adaptée.
- ☐ Je m'habille.
- ☐ Je range mon pyjama.
- ☐ Je vérifie que j'ai pris tout ce qu'il me faut pour la journée : livres et cahiers d'école, affaires de sport, goûter, mot pour la garderie...

FICHE « JE RANGE MA CHAMBRE »

Chaque jour

☐ Je range mes jouets après les avoir utilisés sauf......... (dérogation spéciale pour les jeux qui durent plusieurs jours).

☐ Je remets mes livres sur leurs étagères.

☐ Je range mes affaires propres dans mon meuble.

☐ Je mets mes affaires sales dans la panière à linge sale.

☐ Je jette mes déchets (emballages de bonbon, papiers, crayons qui ne marchent plus...) à la poubelle.

☐ Je range le dessus de mon bureau et de ma table de nuit.

Une fois par semaine (avec votre aide)

☐ Je dépoussière.

☐ Je passe l'aspirateur.

☐ Je change mes draps.

Vous pouvez aussi lui confectionner une fiche pour lui rappeler comment nettoyer et ranger la salle de bains après usage, faire sa valise pour les vacances, s'organiser dans son travail scolaire... Et, là encore, s'il ne sait pas encore lire, remplacez les textes par des dessins ou des photos trouvées sur internet.

6 SOYEZ SON MENTOR ET NON SON CHEF

Pour aider un enfant à devenir autonome, il faut éviter de lui imposer notre façon de faire, notre façon de voir les choses comme un chef de service ou, pire, un inspecteur des travaux finis. Une fois qu'on lui a donné toutes les instructions, conseils et consignes de sécurité nécessaires, il faut au contraire se mettre en retrait, tout en restant à sa disposition en cas de besoin pour qu'il apprenne à se débrouiller seul, à sa manière.

→ **L'adulte** n'est pas tout puissant

Pour un enfant, les adultes en général et ses parents en particulier sont omniscients et infaillibles. Et c'est vrai que non seulement « on sait tout » comparé à lui, mais on fixe les règles du jeu. Dans les deux cas, on se met inconsciemment en concurrence déloyale par rapport à lui car on « gagne » tout le temps, ce qui n'est pas bon pour son estime de soi. Il faut donc lui montrer qu'on n'est pas infaillible, qu'on fait nous-même des erreurs, qu'on regrette parfois certaines de nos paroles ou certains de nos actes... même après coup. Bref, qu'on n'est pas parfait ce qui va beaucoup le soulager et avoir des effets très positifs sur ses apprentissages (voir

« Arrêtez de vouloir que tout soit parfait » p. 53). Enfin, il faut lui donner la permission de nous atteindre, de nous égaler et de nous dépasser, et s'en réjouir le jour où ça arrive.

➔ Essayez d'être **disponible** sans être omniprésent

Le succès de votre mission (rendre votre enfant autonome) dépend aussi de votre capacité à accompagner votre enfant avec bienveillance dans ses explorations, ses expérimentations, ses découvertes sans le « piloter à distance » et sans le juger. Maria Montessori prônait que « L'enfant nous demande de l'aider à agir seul. » Bref il faut arrêter de vouloir micro-manager l'enfant, c'est-à-dire – en exagérant un peu – à vouloir tout régenter et lui aboyer des ordres.

CONSEIL

✔ Le micro-management, souvent présent dans les entreprises, existe aussi au sein de certaines familles. Concrètement, pour les parents, cela consiste à être toujours sur le dos de leur enfant et à superviser le moindre de ses mouvements et le moindre de ses choix. Ce sont les fameux « parents hélicoptères » qui ont toujours leur enfant en ligne de mire, prêts à intervenir pour le remettre sur le(ur) droit chemin. Même si cela part d'une bonne intention (les protéger du danger, de la déception, de l'échec ou leur apprendre à « bien » faire), cela empêche l'enfant de faire ses propres expériences et donc d'acquérir de la confiance en soi.

Ne lui imposez pas vos choix et votre tempo

Laissez votre enfant faire ses propres découvertes à son propre rythme. En effet, si certaines compétences viennent plus ou moins naturellement aux enfants via notamment l'observation, d'autres sont plus difficiles et plus longues à acquérir. De plus, comme on vous le répète sans doute depuis longtemps car c'est une réalité, chaque enfant est différent et se développe à son propre rythme. Autrement dit, ne tombez pas dans le piège de la comparaison : ce n'est pas parce que le petit voisin sait faire du vélo sans roulettes à 4 ans que votre enfant doit en faire autant. Le vôtre est sans doute en train d'acquérir une autre compétence et c'est très bien comme ça. Par contre, quand il a une envie, quand il vous dit « c'est moi qui le fait ! », sautez sur l'occasion car cela veut dire qu'il est prêt et qu'il est motivé. Vous éviterez ainsi à votre enfant de ressentir des émotions désagréables et nocives pour l'estime de soi comme l'impuissance, la frustration et la colère. Et, détail important, vous éviterez aussi bien des conflits !

RAPPEL

✓ Si on dit constamment à un enfant quoi faire et comment le faire, il aura l'impression de ne pas être capable de se débrouiller seul et n'apprendra pas à être autonome.

Donnez-lui la possibilité de prendre des décisions et de trouver des solutions tout seul

Pour renforcer la confiance en soi de votre enfant, regardez-le faire en l'encourageant et en le stimulant par la parole et le regard. Et résistez également à l'envie d'intervenir à la première difficulté. Si vous voyez qu'il n'y arrive pas alors que vous savez qu'il en est parfaitement capable, posez-lui plutôt des questions pour l'aider à réfléchir, à exprimer par des mots ce qui se passe dans sa tête, à y voir plus clair et à trouver une solution tout seul même si ça prend du temps. Par exemple, demandez-lui : « Qu'en penses-tu ? », « Comment voudrais-tu que ça se passe ? », « Qu'est-ce qui t'en empêche ? », ou alors, s'il a perdu quelque chose « Où l'as-tu vu pour la dernière fois ? » N'hésitez pas non plus à lui faire des suggestions ou à lui montrer que vous avez confiance en son jugement pour l'aider à prendre une décision. Par exemple, si un matin, votre enfant hésite entre mettre son manteau ou un blouson plus léger, conseillez-lui d'aller voir le temps qu'il fait par la fenêtre et/ou dites-lui : « Bon, il fait froid et tu sais ce que ça fait d'avoir froid. Tu es donc capable de savoir si tu seras mieux dans ton manteau ou ton blouson ».

En revanche, si ça traine, s'il n'y arrive vraiment pas, aidez-le car il doit savoir qu'il peut toujours compter sur vous. Enfin, si vous vous surprenez à vouloir l'aider ou à reprendre les manettes, demandez-vous : « Je fais tout ça pour qui ? Pour lui ou pour moi ? »

LE SAVIEZ-VOUS ?

✔ En laissant un enfant se débrouiller seul, on lui permet de faire des erreurs, d'en tirer les leçons et donc de progresser. En effet, les erreurs font partie intégrante du processus d'apprentissage car, comme le disait Oscar Wilde : « L'expérience est le nom que chacun donne à ses erreurs. »

➔ Apprenez-lui à **trouver de l'aide** ailleurs

Devenir autonome, c'est aussi apprendre à reconnaitre qu'on ne peut pas tout faire tout seul, qu'on doit parfois se faire aider. C'est donc apprendre à trouver la personne la mieux placée et à lui demander de l'aide. Forcément, au début, votre enfant va penser à vous, ses super parents. Mais pour sortir de la toute-puissance, incitez-le plutôt à chercher ailleurs. Par exemple, s'il veut apprendre à faire du paddle, conseillez-lui de demander à son cousin qui en fait depuis des années de lui apprendre les bases et de l'entraîner.

LE SAVIEZ-VOUS ?

✔ Plus un enfant trouve et met en place ses propres stratégies, plus il s'y tient.

7 BAISSEZ VOTRE NIVEAU D'EXIGENCE

Vous voulez que les choses soient bien faites, et vous avez raison car il est bon d'avoir un sentiment de contrôle chez soi surtout quand, ailleurs, c'est le chaos. Mais ce besoin de contrôle tourne parfois à l'obsession ce qui n'est bénéfique pour personne : ni vous, ni votre enfant. Il faut donc apprendre à lâcher prise, ce qui est très difficile quand on a été élevé ou qu'on s'est construit sous le signe de la perfection.

BON À SAVOIR

✓ Les enfants ont une très vague notion de ce qui est « suffisant », « bien » ou « parfait ». Il faut donc le leur apprendre en douceur sans leur mettre la pression.

➔ Arrêtez de vouloir que tout soit **parfait** !

Vous ne supportez pas de voir trainer une écharpe sur une chaise. Vous levez les yeux au ciel quand votre enfant débarque dans le salon avec son pull à l'envers. Vous repassez derrière les autres pour enlever la dernière miette qui traine sur la table ou reposer un livre à la bonne place dans votre bibliothèque. Bref, vous voulez que tout soit parfait. Désolée de vous l'apprendre mais c'est perdu d'avance car la quête de la perfection est un leurre, comme l'explique la coach Petra Kolber, elle-même ancienne obsédée de la perfection, dans son livre *Team imparfaite* : « La perfection n'existe pas, ce n'est qu'une notion mentale subjective et insaisissable. [...] ». Pire, toujours selon elle : « Le perfectionnisme n'est pas forcément synonyme de succès. Il a été au contraire prouvé et reprouvé qu'il est, paradoxalement, un obstacle pour atteindre son plein potentiel. » Même si c'est très difficile pour vous, vous devez donc apprendre à lâcher prise notamment avec votre enfant.

RAPPEL

✓ **Quand il peut apprendre à devenir autonome, sans se sentir obligé d'être parfait, l'enfant a la liberté de se fixer ses propres objectifs et de développer sa propre identité.**

En arrêtant de vouloir que tout soit parfait et en acceptant les erreurs, les maladresses et ce que vous considérez peut-être comme de la négligence ou du manque de concentration, vous allez rendre un immense service à votre enfant. Vous lui apprendrez d'abord qu'on n'est pas obligé de faire les choses parfaitement dès la première fois et qu'il faut au contraire du temps pour apprendre. Vous lui permettrez aussi de - mieux, vous l'autoriserez à - faire des erreurs (voir « Donnez-lui la possibilité de prendre des décisions et de trouver des solutions tout seul » p. 51) et donc à analyser et à comprendre ce qui s'est passé, à s'y prendre autrement, à s'améliorer et à avancer.

LE SAVIEZ-VOUS ?

✔ L'important, comme l'explique Jessica Lahey, une éducatrice et auteure américaine : « ce n'est pas que les assiettes soient parfaitement propres, c'est que l'enfant ait le goût de l'effort et soit fier de lui parce qu'il participe à sa façon ».

➔ Ne lui mettez pas la **pression**

Quand vous confiez une tâche à votre enfant, vous êtes peut-être tentés de lui donner mille et une directives et même de lui mettre des interdits pour bien l'encadrer, le mettre sur des rails, le pousser dans la bonne direction et être sûrs d'obtenir le résultat souhaité. Tout cela est très compréhensible mais est souvent très stressant pour l'enfant qui risque non seulement d'être submergé par toutes les informations que vous lui donnez mais d'avoir peur de vous décevoir.

Même si c'est compliqué pour vous et que cela vous expose forcément à des déceptions, voire de la casse, laissez-lui plus de liberté. Lâchez prise. Ne soyez pas obsédés par le résultat. L'important, c'est que votre enfant progresse et qu'il ait l'impression de s'en sortir car cela va lui donner confiance en lui et le motiver pour en faire plus. Alors, au lieu de vous concentrer sur ce qui n'a pas été fait ou mal fait, concentrez-vous sur ce qui a été fait. Vous peaufinerez les détails plus tard.

RAPPEL

✔ Pour ne pas stresser votre enfant, vous devez lui laisser le temps dont il a besoin pour acquérir et mettre en place de nouvelles compétences. Autrement dit, vous devez aller à son rythme à lui et non pas lui imposer le vôtre.

Dernière information utile pour vous motiver à baisser d'un cran vos exigences par rapport à votre enfant : sachez que, comme l'explique le thérapeute familial et consultant en leadership américain, Edwin Howard Friedman, « les gens travaillent mieux quand leur responsable n'est pas angoissé et ne réagit pas au quart de tour, que ce soit à l'école, dans les familles ou dans les entreprises ». Cela est dû au fait que le stress et l'anxiété sont très contagieux et paralysent les gens. Pour progresser, votre enfant a besoin du contraire : d'avoir du temps et de se sentir soutenu ce qui nécessite, pour vous, d'oublier vos angoisses et de rester confiants (voir « Ayez confiance » p. 72) et zen en toutes circonstances !

➔ Soyez **patients et zen**

Tout cela est bien beau, vous dites-vous, mais franchement il n'y a rien de plus exaspérant que de regarder un petit de quatre ans essayer de faire ses lacets tout seul alors qu'on est en retard le matin ! On souffle, on s'énerve pendant que l'enfant recommence (plus ou moins imperturbablement) encore, encore et encore ! Et le pire c'est qu'en cas de succès, on peut parier que le nœud va se défaire dans les trente secondes !

Tous les parents ont vécu ça un jour et ont craqué : ils ont poussé un soupir de découragement ou ont crié, et fait ce maudit nœud en se jurant de ne plus revivre ça avant longtemps. Retour à la case départ en privant l'enfant d'une occasion de s'améliorer sans parler du fait que cela risque d'entamer sa confiance en lui, de le décourager et de le démotiver.

Avec un enfant, la plus simple des petites tâches (à nos yeux) peut prendre un temps infini ce qui met souvent à rude épreuve la patience des parents les plus zens ! Il faut donc réussir à lâcher prise, à le laisser faire à son rythme sauf, bien sûr, si vous voyez l'heure de départ de votre train ou de votre avion approcher dangereusement.

CONSEIL

✓ Pour que votre enfant apprenne à s'habiller et à nouer ses lacets seul, sans stress, proposez-lui de s'entraîner le week-end ou pendant les vacances. Sinon, prévoyez un temps supplémentaire le matin, quitte à vous lever plus tôt.

Enfin sachez que, pour aider votre enfant à devenir autonome, vous devez lui transmettre des valeurs importantes comme… la patience et la persévérance. Et comme cela passe là encore par l'exemple, respirez profondément et concentrez-vous sur le positif en vous rappelant qu'il faut souvent du temps pour réussir à faire correctement (et pas parfaitement !) quelque chose.

En cas de dégâts ou de casse, il faudra aussi faire preuve d'une patience et d'une bienveillance de maître zen. Si vous sentez l'envie de le gronder ou de le punir monter en vous, dites-vous que ce n'est pas de sa faute, que c'est normal de se tromper ou d'être maladroit quand on apprend à faire quelque chose et aidez-le à réparer les dégâts. Rassurez-le (et rassurez-vous) en disant que la prochaine fois, il fera plus attention et il s'en sortira mieux.

➔ Soyez **ouverts** à la discussion

Pensez aussi à demander régulièrement à votre enfant si tout va bien, s'il ne rencontre pas de difficultés, si la tâche n'est pas trop compliquée pour lui. Puis donnez-lui des pistes, des conseils pour qu'il y arrive mieux, quitte à lui retirer une tâche trop difficile si ses arguments sont convaincants et sauf, bien sûr, si c'est non négociable comme l'heure du coucher. Et, en attendant qu'il grandisse encore un peu ou ait plus d'assurance pour recommencer, fixez-lui un autre objectif.

LE SAVIEZ-VOUS ?

✓ Faire preuve de souplesse ne veut pas dire que vous abandonnez ou que vous êtes des mauvais parents. Cela veut juste dire que, en tant qu'adultes, vous estimez que cela ne vaut pas la peine de camper sur vos positions parce que cela risque d'avoir des effets plus négatifs que positifs : conflits, rapports de force, dégradation de votre relation avec votre enfant, baisse de la confiance en vous.

Enfin quand votre enfant aura accompli la mission que vous lui avez confiée, faites le point avec lui pour voir ce qui a marché et ce qui n'a pas marché pour l'inciter, là encore, à réfléchir et à trouver d'autres stratégies pour la prochaine fois.

8 ACCEPTEZ LES ÉMOTIONS DE VOTRE ENFANT... ET LES VÔTRES

Pour bien accompagner votre enfant dans ses apprentissages, vous devez aussi accorder de l'importance à ce qu'il ressent, comprendre ses émotions et les accepter sans les considérer forcément comme des crises ou des caprices. Encore faut-il réussir à gérer vos propres émotions !

RAPPEL

✓ Si les enfants rechignent souvent à prendre des responsabilités, c'est par peur d'échouer et de devoir l'admettre. C'est un réflexe naturel pour protéger leur estime de soi.

➔ Il a peur de **ne pas y arriver**

Un jour, votre enfant va probablement faire un refus d'obstacle, voire même s'opposer brutalement à vous par peur de ne pas y arriver. Comme toute expression d'une émotion négative, cela risque de ne pas être agréable ni pour vous, ni pour lui. Quoi qu'il se passe (pleurs, cris, colère...) restez zen et aidez-le à exprimer ce qu'il ressent et à comprendre ce qui se passe, ce qui se joue pour lui. Faites preuve de compassion et aidez-le sans le juger même si cela vous agace au plus haut point de le voir refuser de remonter sur des skis un an après avoir eu sa première étoile. Et surtout, ne vous moquez pas de lui, ne le dévalorisez pas, ne le ridiculisez pas car cela aurait un effet très néfaste sur sa confiance en soi (voir clé n° 2 p. 25). En revanche, si votre enfant dépasse les bornes et a un comportement inacceptable, vous devez bien sûr y mettre un terme.

LE SAVIEZ-VOUS ?

✔ Les colères et les crises des enfants les aident à évacuer les tensions et à se calmer ce qui, parallèlement, aide la zone « raisonnable » de leur cerveau à reprendre le contrôle.

Quand votre enfant sera calmé, répétez-lui que vous avez confiance en lui et proposez-lui votre aide en lui disant : « Oui, c'est compliqué, mais je suis sûr que tu vas finir par y arriver ». S'il n'accepte pas votre aide, proposez-lui de faire autre chose. Et retentez votre chance plus tard en essayant de lui donner un petit coup de pouce l'air de rien pour lui redonner confiance en lui.

CONSEIL

✔ Pour aider votre enfant à reprendre confiance en lui, demandez à vos proches d'écrire sur une carte tout ce qu'ils pensent de positif de lui. Puis offrez-la-lui. Ou rappelez-lui toutes les fois où il a réussi après avoir douté de lui (voir « carnet des réussites » p. xxx).

Il est **frustré**

Parmi la longue liste de missions qui incombent aux parents, il y a celle d'apprendre à leur enfant à tolérer de ne pas avoir tout, tout de suite, tout le temps. Bref, ils doivent lui apprendre et l'entrainer à supporter la frustration et à trouver des stratégies pour y faire face, pour la contourner et même pour accepter que parfois, malgré ses efforts et sa bonne volonté, il n'atteindra pas forcément l'objectif qu'il s'est fixé.

Au jour le jour, cela veut dire ne pas céder à tous ses caprices et lui apprendre la différence entre la notion de besoins (ce qui est indispensable pour vivre, pour garder son corps au chaud et en bonne santé...) et d'envies (des plaisirs à durée très limitée comme la dernière paire de baskets à la mode). Et enfin, pensez à faire le point régulièrement avec lui pour qu'il n'accumule pas les frustrations et n'explose pas subitement d'un coup.

Et vous, dans tout ça ?

Rendre son enfant autonome demande beaucoup d'efforts de la part des parents qui doivent, eux aussi, apprendre à gérer leurs frustrations : frustration que ça n'aille pas assez vite, frustration que ça ne soit pas assez bien fait, frustration de devoir parfois recommencer à zéro... ce qui n'est pas facile dans une société dominée par l'immédiateté.

LE SAVIEZ-VOUS ?

✓ Certains enfants surprotégés finissent par développer des phobies comme la peur de conduire, la peur de prendre l'avion, la peur d'aller dans des endroits qu'ils ne connaissent pas…

Comme nous l'avons déjà vu, cela demande beaucoup de compréhension, de bienveillance, de patience et de tact. Si vous sentez qu'une émotion est sur le point de vous submerger, qu'un mot ou une remarque blessante risquent de franchir la barrière de vos lèvres, fermez les yeux et inspirez profondément (ou quittez la pièce) pour vous calmer, vous recentrer et prendre le temps de réfléchir à une réponse ou réaction plus positive et constructive. Et si c'est trop difficile, taisez-vous et reparlez-en plus tard, tranquillement, pour essayer de trouver de nouvelles tactiques et solutions ensemble.

Certains parents ont aussi du mal à accompagner leur enfant vers l'autonomie de peur qu'il lui arrive quelque chose ou de peur qu'il se détache d'eux. Ils sont alors dans la super-protection et lui font croire que le monde est dangereux, ce qui risque sur le long terme de le rendre inquiet et anxieux face à la vie et aux nouveautés. Il va, là encore, falloir lâcher prise en prenant, si besoin, discrètement les mesures pour que votre enfant soit en sécurité (voir « Adaptez son environnement » p. 36 et « Montrez-lui les dangers » p. 68). Et si vous êtes tout simplement triste à l'idée de le sentir s'éloigner de vous (et donc de lui être de moins en moins indispensable), dites-vous que votre enfant aura toujours besoin de vous, de votre soutien, de votre amour, de votre bienveillance… mais pas forcément de votre aide pour nouer ses lacets !

CONSEIL

✓ Si vous élevez votre enfant sous une cloche de peur qu'il lui arrive quelque chose, listez vos angoisses et parlez ensemble, avec quelqu'un de confiance ou avec un professionnel, pour trouver un moyen de les diminuer, de les contourner, et autoriser votre enfant à déployer ses ailes.

Établissez une **bonne connexion**

Pour mieux communiquer avec votre enfant, vous devez donc comprendre les émotions qui le traversent (et qui vous traversent) ce qui ne peut se faire que via une bonne communication. La marche à suivre est la suivante :

1/ Restez calme, maîtrisez vos émotions et soyez disponibles pour être à son écoute à cent pour cent. Sinon passez le relais à quelqu'un d'autre ou attendez un moment plus propice pour parler avec lui.

2/ Accroupissez-vous pour être à la hauteur de votre enfant et bien capter son regard

3/ Dites-lui que vous comprenez ses émotions (peur, frustration…) et, si possible, exprimez avec des mots simples ce qu'il pense, d'après vous, pour l'aider à décrypter et à mieux gérer ses émotions.

4/ Offrez-lui des cahiers d'activité pour qu'il apprenne à mieux reconnaitre et à mieux affronter ses émotions (voir Ressources utiles p. 78).

5/ Essayez de découvrir ce dont votre enfant a besoin : de conseils, de temps supplémentaire, de liberté… et donnez-les-lui.

9 AUGMENTEZ PROGRESSIVEMENT LE NIVEAU DE DIFFICULTÉS

Maintenant que les bases sont posées et que vous avez fait le début du chemin tous ensemble, vous allez pouvoir impliquer et responsabiliser de plus en plus votre enfant en fonction de ses demandes, besoins, capacités et l'accompagner progressivement vers l'autonomie totale.

RAPPEL

✓ Chaque enfant se développe à son propre rythme et a des centres d'intérêt différents. Alors accompagnez le vôtre sans tomber dans le jeu des comparaisons qui sape l'estime de soi, empêche de progresser, crée des inégalités et isole.

➔ Identifiez les **opportunités**

Si certains enfants ont une réelle envie d'autonomie et sont en demande de nouvelles responsabilités, d'autres le sont moins. Alors, par facilité, on fait les choses pour eux sans y penser et le temps passe jusqu'au jour où on s'aperçoit qu'ils ne savent pas faire leur shampoing tout seul à 10 ans ! Pour éviter d'en arriver là, il faut donc régulièrement observer l'enfant et identifier les tâches qu'il peut faire ou peut apprendre à faire seul pour l'aider peu à peu à passer les niveaux, comme dans un jeu vidéo.

LE SAVIEZ-VOUS ?

✓ Si un enfant rechigne ou refuse de faire quelque chose, c'est peut-être parce qu'il n'est pas prêt à le faire ou qu'il ne se sent pas assez compétent pour le faire. N'insistez pas et reconfiez-lui la tâche en question plus tard après l'y avoir éventuellement préparé.

Quelles tâches pour quel âge ?

Pour vous aider à « augmenter progressivement la dose », voici des exemples de responsabilités à confier par tranches d'âge qui sont bien sûr donnés à titre purement indicatif.

Responsabilités qu'on peut confier à un enfant de 4 à 5 ans

Les responsabilités qu'on peut lui donner à partir de 2 ans (voir « Quelles petites responsabilités confier à votre enfant ? » p. 33), plus :

Pour lui	Pour les autres
Aider à ranger sa chambre.	Aider à ranger les courses.
Connaître son nom.	Faire la poussière dans des coins faciles.
Connaître son adresse .	Nourrir le chien ou le chat.
Connaître par cœur votre 06.	Trier le linge sale.

Pour lui	Pour les autres
Connaître le numéro des urgences.	Enlever les assiettes du lave-vaisselle.
Préparer son goûter.	Ranger les assiettes et les bols.
Ranger ses chaussures et son manteau.	Laver le lavabo après usage.
Se laver les mains tout seul.	Arroser les plantes.
Choisir ses vêtements.	
Ranger ses vêtements propres.	

Responsabilités qu'on peut confier à un enfant de 6 à 7 ans

Les responsabilités précédentes, plus :

Pour lui	Pour les autres
Nettoyer le lavabo après usage.	Vider entièrement le lave-vaisselle.
Faire son lit tout seul.	Ranger toute la vaisselle.
Se laver entièrement tout seul.	Faire la vaisselle (sous supervision).
Ranger ses jouets seul.	Trier les déchets.
Couper avec un couteau peu tranchant.	Préparer son sac pour les déplacements.
Se lever seul le matin.	Répondre au téléphone.
	Passer un coup de balayette.

Comme les enfants apprennent par imitation, ne lui demandez pas de faire des choses que vous ne faites pas vous-même.

Responsabilités qu'on peut confier à un enfant de 8 à 9 ans

Les responsabilités précédentes, plus :

Pour lui	Pour les autres
Plier ses vêtements.	Utiliser la balayette seul.
Compter et rendre la monnaie.	Lire et faire une recette de cuisine simple.
Prendre soin de ses affaires.	Sortir les poubelles.
Aider à faire ses bagages.	Donner un coup de balai.
Régler l'alarme de son réveil.	Promener le chien.

Responsabilités qu'on peut confier à un enfant à partir de 10 ans

Les tâches précédentes, plus :

Pour lui	Pour les autres
Rester à la maison seul.	Lire les étiquettes avant de trier le linge.
Aller faire des petites courses seul.	Vider les poches des vêtements avant lavage.
Changer ses draps.	Passer l'aspirateur.
Utiliser la machine à laver.	Ouvrir et fermer les volets.
Se préparer des repas faciles.	Ramasser les feuilles mortes.
Faire de courts trajets seul.	Laver la voiture.
Faire une partie de ses devoirs seul.	Vider les poubelles.
Prendre soin de son équipement de sport.	Nettoyer la salle de bain derrière lui.
Faire sa toilette tout seul.	

➔ Montrez-lui **les dangers**

Plus votre enfant grandira et deviendra autonome, plus il fera des tâches potentiellement dangereuses : régler l'eau chaude sous la douche seul, traverser la rue seul, couper des aliments avec un couteau tranchant, passer la tondeuse à gazon...

Cela passe bien sûr d'abord par l'exemple, puis par la mise en pratique sous surveillance. Par exemple, avant d'apprendre à votre enfant à traverser la rue tout seul, donnez-lui l'habitude de bien regarder à droite et à gauche en lui demandant, dès le plus jeune âge : « On peut traverser ? Il n'y a pas de voitures ? » Puis, quand il sera en âge de se déplacer seul dans votre quartier, choisissez un petit trajet simple à pieds, en bus ou en métro, faites-le plusieurs fois avec lui en lui montrant les dangers potentiels et « lâchez-le » en le suivant de loin les premières fois.

LE SAVIEZ-VOUS ?

✔ Les pièces les plus dangereuses dans une maison sont[3] :

1. Le jardin
2. Le garage ou l'abri de jardin
3. La chambre
4. La cuisine

3. *https://presse.inserm.fr/accidents-domestiques-dans-quelles-pieces-court-on-le-plus-de-risque/25207/*

Pensez aussi, bien sûr, à lui montrer les dangers chez vous. Comme chaque maison a ses propres pièges, ses propres dangers, faites-en la liste pour ne rien oublier et montrez-les-lui : portes qui peuvent pincer les doigts, sol glissant dans la salle de bains après la douche... Quand vous le sentez prêt et que lui-même se sent prêt, apprenez-lui également à :

- manipuler un couteau en commençant par un modèle à bout rond, très peu tranchant et des aliments tendres ;
- prendre les couteaux par le manche quand il les sort du lave-vaisselle ;
- vérifier que l'eau est bien froide avant de mettre ses mains dessous ;
- régler, si besoin, lui-même la température de l'eau chaude en lui donnant un repère visuel s'il s'agit d'un mitigeur (très utile pour prendre son bain ou sa douche seul) ;
- manipuler de l'eau bouillante sans se brûler (une compétence indispensable pour se faire des pâtes seul).

➔ Le cas des **devoirs**

Impossible de parler d'autonomie sans aborder le sujet des devoirs et plus largement des apprentissages scolaires. Là encore, il va falloir accompagner votre enfant sans lui mettre la pression et progressivement lâcher du lest.

Pour commencer, intégrez les devoirs dans votre routine quotidienne aux horaires qui vous conviennent à tous le mieux, c'est-à-dire à des moments où votre enfant est calme et reposé (et vous aussi, si possible). Notez-le sur le planning familial et n'y dérogez pas pour que cela devienne une habitude non négociable. Fixez aussi une durée limite pour ne pas tous vous fatiguer ou prévoyez des pauses régulières. Quant à la quantité de devoirs, elle varie selon les enseignants et les années. Si elle vous paraît faible, c'est parfait car selon beaucoup de scientifiques, il faudrait supprimer ou limiter à 10 ou 15 minutes par soir la dose de devoirs à faire à l'école primaire[4]. Alors n'en rajoutez pas, d'autant plus que cela va priver l'enfant de moments d'apprentissage importants pour devenir autonome.

Aidez ensuite votre enfant à faire ses devoirs de façon autonome comme pour les tâches ménagères. Laissez-lui d'abord le choix de l'ordre dans lequel il souhaite faire ses devoirspuis confiez-lui, si possible dès le CP, des petites missions qu'il peut faire seul comme lire une phrase ou recopier un mot en lui disant de vous appeler en cas de besoin. Puis, plus tard (dans certains cas, cela peut être dès le CE1), lisez avec lui ses devoirs à voix haute et voyez ensemble ce qu'il peut faire seul en lui expliquant la marche à suivre si nécessaire. N'hésitez pas non plus à lui lancer des petits défis comme « Essaie d'apprendre ça tout seul, je suis sûr que tu en es capable. Je te ferai réciter plus tard, si tu veux. » S'il vous le demande (cela arrive...), laissez-le gérer ses devoirs tout seul en prévenant son enseignant pour qu'il vous avertisse en cas de décrochage qui sera rattrapable car les enseignements durent sur de longues périodes notamment au primaire.

En fin de primaire ou quand il aura trouvé ses marques au collège, faites le point avec lui chaque semaine pour voir ce qu'il a à faire et comment il peut s'organiser en le notant sur un planning spécial affiché au-dessus de son bureau. Et bien sûr, comme toujours, soyez patients et bienveillants, montrez-lui que vous avez confiance en lui pour gonfler sa

4. *https://www.europe1.fr/societe/devoirs-a-la-maison-comment-doser-2888252*

confiance en soi et soyez prêts à chaque étape à l'aider ou à trouver de l'aide à l'extérieur en cas de besoin pour qu'il sache qu'il peut toujours compter sur vous.

Pour vous aider à rester zen, prenez du recul et considérez les notes de votre enfant comme le reflet de son travail et de ses connaissances à un instant T, une étape parmi tant d'autres dans son parcours scolaire. Ou bien dites-vous que rien n'est figé ni écrit d'avance. Et, comme toujours, restez calmes, confiants et encouragez-le pour soutenir sa motivation et sa persévérance... et donc sa progression.

CONSEIL

✓ Créez un environnement favorable à la concentration et aux apprentissages, sans sollicitations extérieures. Concrètement cela veut dire du calme et sans écrans allumés car ils stimulent en permanence le réflexe d'attention des enfants et épuisent très vite leur attention[5].

5. *https://www.lemonde.fr/societe/article/2020/01/15/devant-un-ecran-il-suffit-de-peu-de-temps-pour-epuiser-l-attention-d-un-enfant_6025940_3224.html*

10 CONFIANCE, CONSTANCE, PERSÉVÉRANCE

Comme vous l'avez compris au fil de ces pages, votre attitude joue un rôle très important dans le développement de votre enfant en général et dans sa quête et sa prise d'autonomie en particulier. Encore faut-il y croire, être constant et ne rien lâcher !

RAPPEL

✓ On ne rend pas un enfant autonome du jour au lendemain. C'est le fruit d'un long cheminement, petit pas à petit pas.

➔ Ayez **confiance** !

La confiance est un sentiment qui a besoin de bonnes vibrations pour prospérer. Pour aider votre enfant à avoir confiance en lui, vous devez d'abord et impérativement croire en lui en ayant une vision globale et à long terme de ses progrès pour ne pas vous focaliser uniquement sur les détails qui peuvent, effectivement, être décourageants sur le coup. Vous devez aussi sans cesse le rassurer, l'encourager, le féliciter quand c'est justifié. Et enfin, vous devez lui dire que vous lui faites confiance et le lui montrer dès le plus jeune âge. Reprenons l'exemple de la sortie au parc (voir p. 43). Quand il sait se débrouiller seul dans les structures de jeux, au lieu de rester à côté de lui, allez vous asseoir sur un banc à quelques mètres de là et n'intervenez que s'il vous appelle. Dès 4 ans, laissez-le aussi gérer les disputes car, à cet âge, un enfant a le vocabulaire et la maturité nécessaires pour régler les conflits avec ses pairs[6] sauf, bien sûr, si cela dégénère.

Si vous savez que votre enfant n'est pas à l'aise ou qu'il a peur dans certaines situations, parlez-en avec lui pour l'aider à trouver des solutions ou à aborder sa crainte ou sa peur sous un nouvel angle. Par exemple, s'il ne veut pas apprendre à faire du roller avec ses copains de peur de se faire mal ou de se ridiculiser, expliquez-lui qu'il ne craint rien s'il ne va pas vite et met ses protections, et rappelez-lui que les autres ont aussi débuté un jour et ont donc échoué à maintes reprises, même les plus doués.

Enfin et surtout, montrez à votre enfant que vous croyez en ses idées et en ses rêves, même les plus fous. Il veut être cosmonaute à 8 ans ? Et pourquoi pas ? Certains y arrivent. Alors au lieu de lui dire que ça va être compliqué, demandez-lui pourquoi ça l'intéresse et comment il compte s'y prendre pour y arriver. C'est beau d'avoir des rêves et, alliés à la confiance en soi qu'on a accumulée au fil des années, cela donne parfois l'énergie et la motivation de les réaliser ou au moins de se dépasser.

---

6. D'après une étude menée par le Gesell Institute of Child Development, un institut basé aux USA, fondé en 1950 et spécialisé dans l'éducation des enfants.

➔ Soyez constants

Quand vous aurez la certitude que votre enfant maitrise la tâche que vous lui avez confiée, ne revenez jamais en arrière sauf bien sûr, cas exceptionnel, comme un changement dans son emploi du temps ou une maladie. Appliquez toujours les mêmes règles face aux mêmes situations et surtout faites ce que vous avez promis de faire s'il ne respecte pas vos consignes.

En effet, si vous manquez de constance, vous allez devoir sans cesse répéter les mêmes consignes et surtout vous allez perdre de la crédibilité aux yeux de votre enfant qui n'aura pas les repères dont il a besoin pour progresser. Il risque alors de ne pas vous écouter ou de s'opposer à vous pour que vous lui redéfinissiez le cadre et les limites dont il a tant besoin (voir « Offrez-lui un cadre clair et structurant » p. 20). Cela nécessite que vous en parliez en privé, loin des petites oreilles indiscrètes, pour vous mettre d'accord sur une stratégie et faire ensuite front commun. Et, en cas de nouveau désaccord, restez imperturbables devant votre enfant et parlez-en ensemble après, dans l'intimité, pour réajuster le tir.

➔ Persévérez

Le chemin vers l'autonomie est semé d'embûches : l'enfant peut à tout moment régresser après s'être fait peur, après une maladie, après une séparation, après l'arrivée d'un nouveau bébé ou tout simplement parce qu'il est fatigué et/ou a trop de choses à gérer en même temps. Quoi qu'il se passe, vous devez rester zen et continuer à lui faire confiance.

En tenant bon quoi qu'il arrive, vous inciterez votre enfant à persévérer, à devenir de plus en plus résilient, à savoir de plus en plus s'adapter et à être de mieux en mieux armé pour affronter les difficultés et rebondir après les échecs ou les coups durs. Vous lui ferez ainsi un cadeau inestimable qui lui servira toute sa vie.

Cela ne veut pas dire qu'il faut s'acharner à tout prix car parfois cela ne sert à rien d'y aller en force. Persévérer, c'est aussi savoir être souple et savoir s'adapter aux circonstances, quitte à trouver un nouveau chemin pour atteindre l'objectif qu'on s'est fixé, sans stress ni pression. Et comme bien sûr, vous êtes des gens normaux avec leurs défauts et leurs problématiques, quand c'est trop dur ou que vous sentez le doute arriver, parlez-en ensemble, à des gens de confiance ou à un professionnel.

RAPPEL

✔ Si vous tenez bon, si vous gardez le sourire, si vous gardez espoir face à votre enfant, vous lui rendrez un merveilleux service : vous lui donnerez l'exemple et lui montrerez les bienfaits de la persévérance, une qualité qu'il doit lui aussi acquérir pour devenir autonome et réussir dans la vie.

CONCLUSION

Rendre son enfant autonome n'est donc pas une mince affaire mais c'est la plus belle preuve d'amour que vous pouvez donner au vôtre car cela lui montre que vous croyez en lui et que vous lui faites confiance. Grâce à vous, il va ainsi apprendre à se débrouiller seul, à trouver des solutions ou des conseils pour avancer, à prendre des décisions seul et à les assumer. De plus, et notamment grâce aux tâches ménagères, il va acquérir le sens des responsabilités et le goût de l'entraide, deux qualités indispensables pour être un adulte indépendant, confiant, épanoui et à l'aise en société.

Certes, cela ne va pas être facile tous les jours. Il va falloir renoncer peu à peu à votre désir de contrôle et de protection. Et il va falloir aussi et surtout être (et rester) patients d'autant plus que l'enfant apprend très lentement au début. Mais à force d'encouragements, de bienveillance, de patience, de constance et de persévérance, le miracle va se produire : votre enfant va devenir de plus en plus autonome et de plus en plus vite ! Il va prendre ainsi goût à l'effort et savourera ses succès, ce qui le motivera à en faire davantage et à oser de nouvelles choses. De plus, en renforçant ainsi son estime de soi et sa confiance en soi, il va prendre conscience de son potentiel ce qui lui sera fort utile à l'âge adulte.

Et quand votre petit oiseau aura quitté le nid, vous aurez l'immense fierté de le voir se débrouiller seul et naviguer avec aisance dans le vrai et complexe monde. Et vous aurez le bonheur de voir que le lien de confiance que vous avez patiemment tissé est toujours là, plus fort que jamais quand votre enfant devenu grand continuera à vous demander votre avis, un conseil, des encouragements...

Alors, gardez les yeux fixés sur l'objectif, peu importe le chemin. L'important, c'est que votre enfant progresse, à son rythme, et devienne au fil des années de plus en plus autonome et indépendant. Et ce jour-là, vous serez tous gagnants !

RESSOURCES UTILES

Livres pour les parents

- *La communication positive parents / enfants*, Sophie Néel, Editions Josette Lyon, 2016
- *Une éducation bienveillante et efficace*, Laurence Dudek, First, 2018
- *Raising Can-Do Kids*, Richard Rende, Tarcher Perigee, 2015
- *As-tu rempli un seau aujourd'hui ? Le bonheur quotidien expliqué aux enfants,* Carol McCloud, Bucket Filosophy, 2017
- *Le syndrome de l'imposteur*, Sandi Mann, Leduc S. Edition, 2020
- *3-6-9-12 - Apprivoiser les écrans et grandir*, Serge Tisseron, Erès, 2017
- *Team imparfaite*, de Petra Kolber, Leduc S. Pratique, 2019
- *J'aide mon enfant à s'organiser*, Stéphanie Bujon et Laurence Einfalt, Eyrolles, 2014

- *Parents organisés* de Frédérique Corre Montagu, First, 2019
- *Balthazar s'habille - pédagogie Montessori,* Marie-Hélène Place, Hatier, 2014
- *La philosophie zen en famille*, Gilles Diederichs, Hatier, 2020
- *Les devoirs à la maison*, Frédéric Plessiet, Hatier, 2018
- *How to raise an adult ?*, Julie Lythcott-Haims, Bluebird, 2015

Livres pour les enfants

- *Je booste ma confiance en moi*, Beth Cox et Natalie Costa, Hatier, 2020
- *J'apprivoise mes peurs*, Frédérique Corre Montagu, Hatier, 2020

Direction : Rachel Duc
Responsable éditoriale : Caroline Terral
Relecture : Marie Millet
L'éditeur remercie Amédine Sedes pour son aide précieuse
Principe de maquette et illustrations : Ho Thanh Hun
Mise en page : Patrick Leleux PAO
Chef de studio : Karine Alary
Fabrication : Cécile Labarthe, Luc Laumailler

© Hatier - 8 rue d'Assas 75006 Paris - ISBN : 978-2-401-03508-9

Achevé d'imprimer par l'Imprimerie de Champagne à Langres – France
Dépôt légal : 03508-9/01 – septembre 2020

PAPIER À BASE DE FIBRES CERTIFIÉES

Hatier s'engage pour l'environnement en réduisant l'empreinte carbone de ses livres. Celle de cet exemplaire est de :
250 g éq. CO_2
Rendez-vous sur www.hatier-durable.fr

IMPRIM'VERT
Votre imprimeur agit pour l'environnement